Impressum
Verlag: BABADADA GmbH, Nedderfeld 112 , 22529 Hamburg
Geschäftsführer / Verlagsleitung: Harald Hof
Druck: Books on Demand GmbH, In de Tarpen 42, 22848 Norderstedt

Imprint
Publisher: BABADADA GmbH, Nedderfeld 112 , 22529 Hamburg, Germany
Managing Director / Publishing direction: Harald Hof
Print: Books on Demand GmbH, In de Tarpen 42, 22848 Norderstedt

sekolah

школа

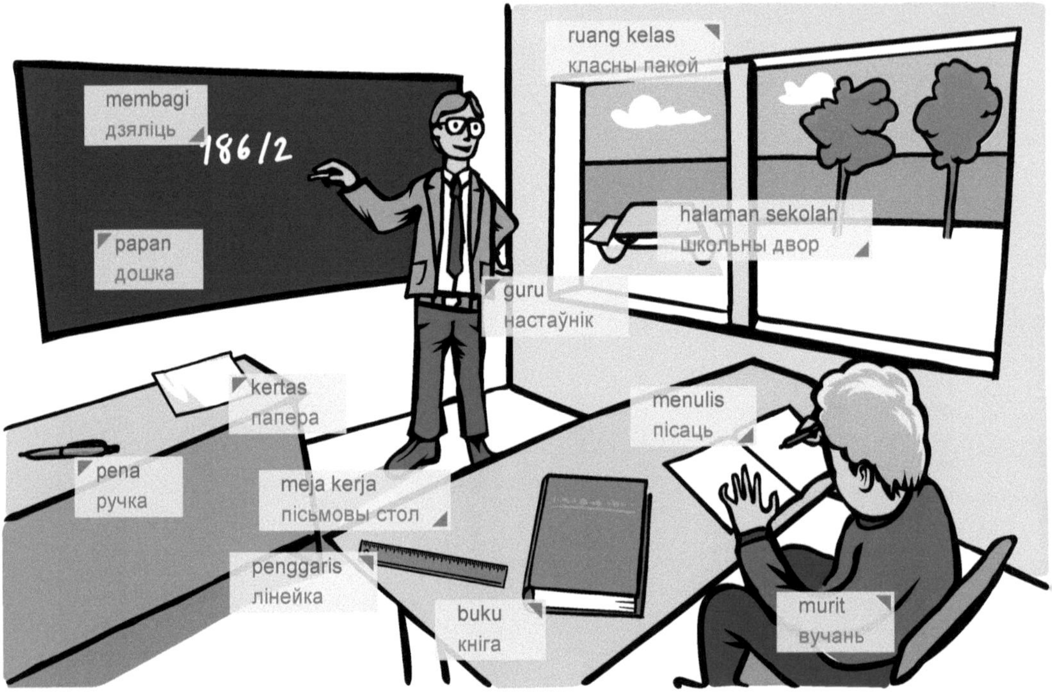

ruang kelas
класны пакой
membagi
дзяліць
186/2
papan
дошка
halaman sekolah
школьны двор
guru
настаўнік
kertas
папера
menulis
пісаць
pena
ручка
meja kerja
пісьмовы стол
penggaris
лінейка
buku
кніга
murit
вучань

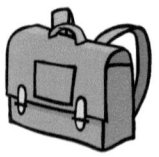

tas sekolah

ранец

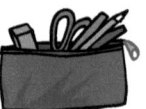

tempat pensil

пенал

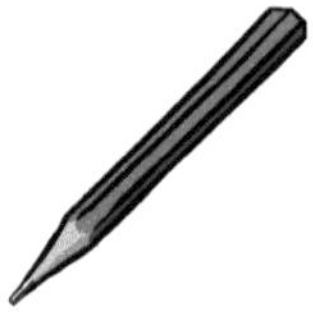

pensil

просты аловак

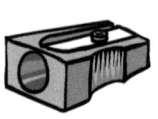

pengasah pensil

тачылка для алоўкаў

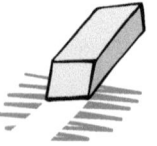

penghapus

гумка

kertas gambar

альбом для малявання

gambar

малюнак

kuas

пэндзлік

kotak cat

фарбы

gunting

нажніцы

lem

клей

buku latihan

сшытак

pekerjaan rumah

хатняе заданне

angka

лік

tambhakan

дадаваць

mengurangi

адымаць

mengalikan

множыць

menghitung

лічыць

huruf

літара

alfabet

алфавіт

kata

слова

teks

тэкст

membaca

чытаць

kapur

крэйда

pelajaran

ўрок

daftar

класны журнал

ujian

экзамен

sertifikat

атэстат

seragam sekolah

школьная форма

pendidikan

адукацыя

ensiklopedi

энцыклапедыя

universitas

універсітэт

mikroskop

мікраскоп

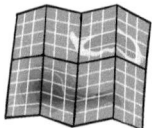

peta

карта

tempat sampah

смеццевы кошык

hotel
гатэль

hostel
хостэл

kantor pertukaran mata uang
абменны пункт

koper
чамадан

mobil
аўтамабіль

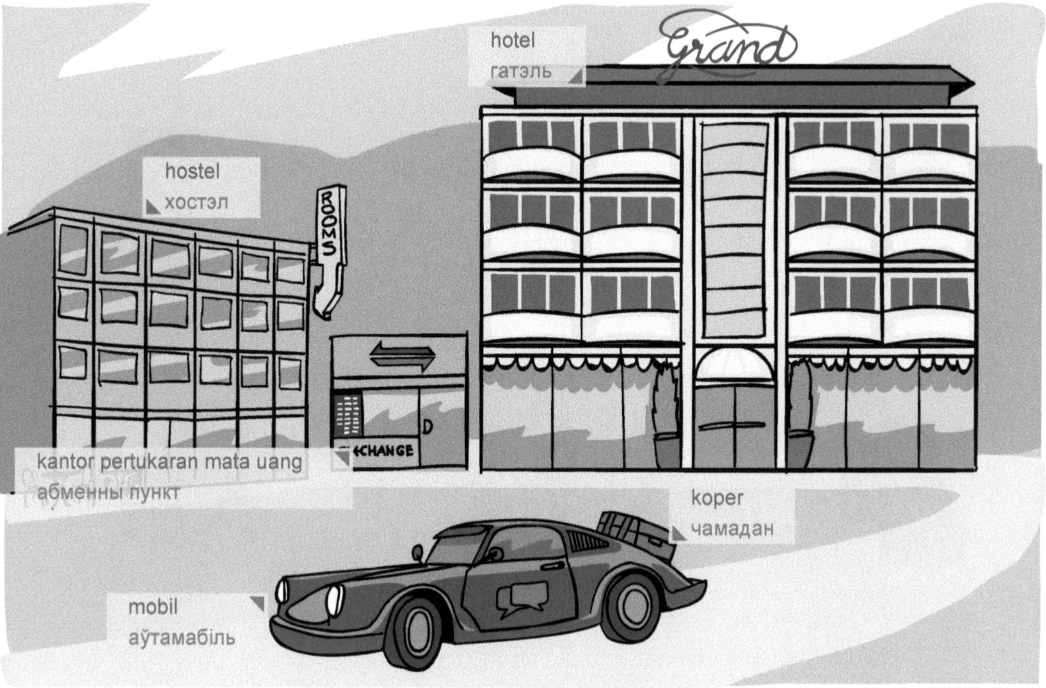

bahasa
мова

ya / tidak
так / не

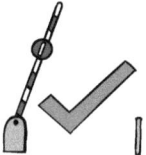

okay
добра

hallo
прывітанне!

penerjemah
перекладчык

terima kasih
дзякуй

Berapa harganya…?

Колькі каштуе….?

saya tidak mengerti

я не разумею

masalah

праблема

Selamat malam!

Добры вечар!

Selamat siang!

Добрай раніцы!

Selamat tidur!

Дабранач!

sampai jumpa

да пабачэння

arah

кірунак

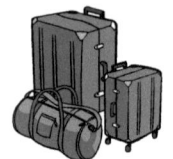

bagasi

багаж

tas

сумка

ransel

заплечнік

tamu

госць

ruang

пакой

kantong tidur

спальны мяшок

tenda

палатка

informasi wisata

інфармацыя для турыстаў

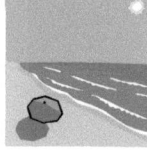

pantai

пляж

kartu kredit

крэдытная картка

sarapan

снеданне

makan siang

абед

makan malam

вячэра

tiket

праязны білет

elevator

ліфт

perangko

паштовая марка

perbatasan

мяжа

cukai

мытня

kedutaan

пасольства

visa

віза

paspor

пашпарт

transportasi

транспарт

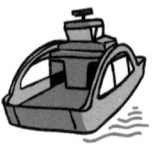

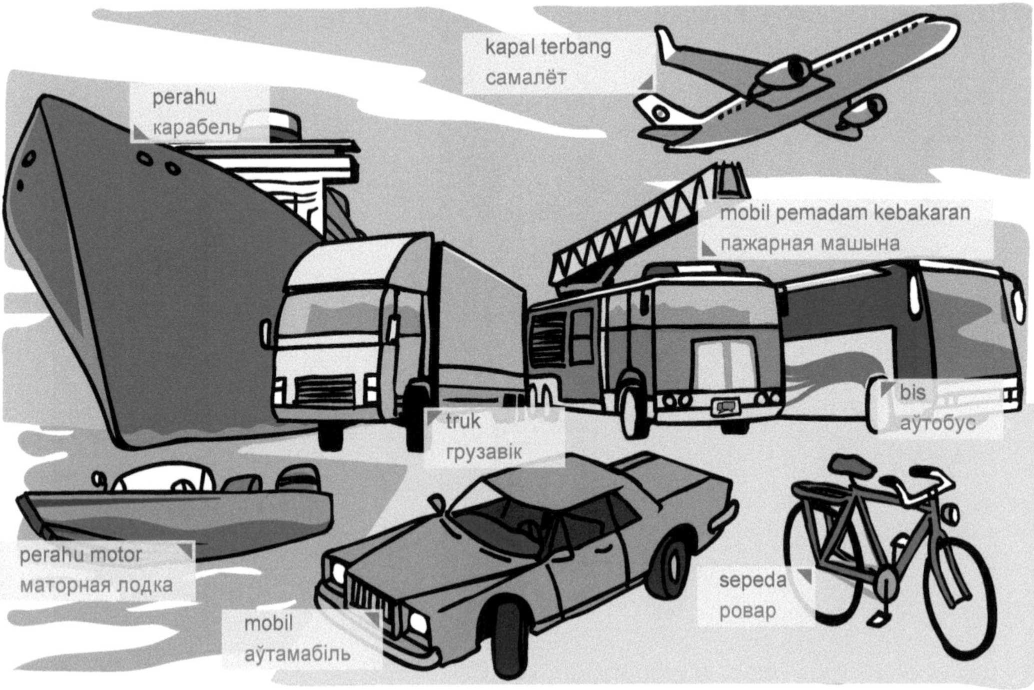
kapal terbang
самалёт
perahu
карабель
mobil pemadam kebakaran
пажарная машына
bis
аўтобус
truk
грузавік
perahu motor
маторная лодка
sepeda
ровар
mobil
аўтамабіль

feri
паром

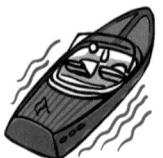

perahu
лодка

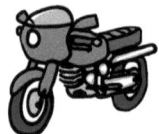

sepeda motor
матацыкл

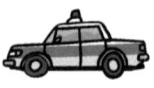

mobil polisi
паліцэйская машына

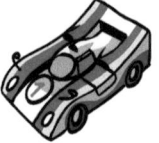

mobil balapan
гоначны аўтамабіль

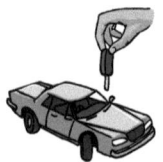

mobil sewa
арэндаваны аўтамабіль

berbagi mobil

сумеснае карыстанне
аўтамабілем

truk derek

эвакуатар

truk sampah

смеццявоз

motor

матор

bahan bakar

паліва

bensin

запраўка

tanda lalulintas

дарожны знак

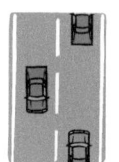

lalulintas

дарожны рух

macet

затор

parkir mobil

паркоўка

stasiun kereta

чыгуначная станцыя

trek

рэйкі

kereta api

цягнік

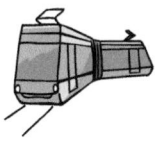

tram

трамвай

gerobak

вагон

helikopter

верталёт

bendara

аэрапорт

menara

вежа

penumpang

пасажыр

container

кантэйнер

karton

кардонная скрыня

troli

тачка

keranjang

карзіна

berangkat / mendarat

ўзлятаць / прызямляцца

kota

горад

desa

вёска

pusat kota

цэнтр горада

rumah

дом

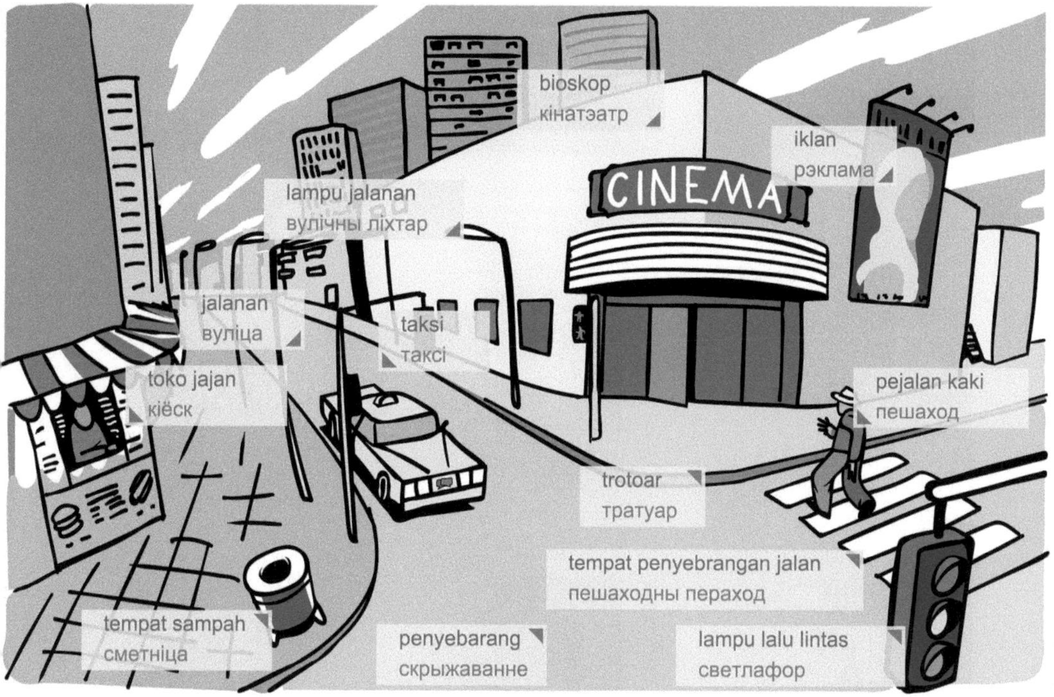

bioskop
кінатэатр

iklan
рэклама

lampu jalanan
вулічны ліхтар

CINEMA

jalanan
вуліца

taksi
таксі

toko jajan
кіёск

pejalan kaki
пешаход

trotoar
тратуар

tempat penyebrangan jalan
пешаходны пераход

tempat sampah
сметніца

penyebarang
скрыжаванне

lampu lalu lintas
светлафор

gubuk

халупа

rumah flat

кватэра

stasiun kereta

чыгуначная станцыя

balai kota

ратуша

museum

музей

sekolah

школа

universitas

універсітэт

bank

банк

rumah sakit

шпіталь

hotel

гатэль

farmasi

аптэка

kantor

офіс

toko buku

кнігарня

toko

крама

toko bunga

кветкавая крама

supermarket

супермаркет

pasar

кірмаш

toko serba ada

універмаг

nelayan

рыбная крама

pusat belanja

гандлевы цэнтр

pelabuhan

порт

taman

парк

banku

лава

jembatan

мост

tangga

лесвіца

kereta bawah tanah

метро

terowongan

тунэль

pemberhantian bis

прыпынак

bar

бар

restauran

рэстаран

kotak surat

паштовая скрыня

tanda jalan

вулічны паказальнік

meteran parkir

паркамат

kebun binatang

заапарк

kolam renang

басейн

mesjid

мячэць

pertanian

сядзіба

polusi

забруджванне
навакольнага асяроддзя

kuburan

могілкі

gereja

царква

tempat bermain

пляцоўка для гульні

pura

храм

pemandangan

краявід

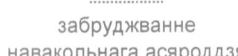

daun
ліст

penunjuk arah
паказальнік

jalanan
дарога

padang rumput
луг

batu
камень

pohon
дрэва

pejalak kaki
падарожнік

sungai
рака

rumput
трава

bunga
кветка

lembah

даліна

bukit

гара

danau

возера

hutan

лес

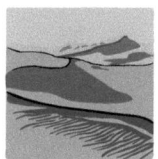

padang gurun

пустыня

gunung berapi

вулкан

istana

замак

pelangi

вясёлка

jamur

грыб

pohon palem

пальма

nyamuk

камар

lalat

муха

semut

мурашка

lebah

пчала

laba-laba

павук

kumbang

жук

kodok

жаба

tupai

вавёрка

landak

вожык

kelinci

заяц

burung hantu

сава

burung

птушка

angsa

лебедзь

babi jantan

дзік

rusa

алень

rusa

лось

bendungan

плаціна

turbin angin

вятрак

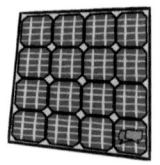

panel surya

сонечная батарэя

iklim

клімат

pelayan
афіцыянт

daftar makanan
меню

kursi
крэсла

sup
суп

pizza
піца

taplak
абрус

peralatan makan
сталовыя прыборы

hindangan pembuka

закуска

hidangan utama

другая страва

hidangan penutup

дэсерт

minuman

напоі

makanan

ежа

botol

бутэлька

fastfood

хуткае харчаванне (фаст-фуд)

masakan jalanan

стрыт-фуд

teko teh

імбрык (чайнік)

kaleng gula

цукарніца

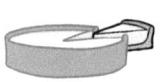

porsi

порцыя

mesin espresso

эспрэса-машына

kursi tinggi

дзіцячае крэселка

tagihan

рахунак

baki

паднос

pisau

нож

garpu

відэлец

sendok

лыжка

sendok teh

чайная лыжка

serbet

сурвэтка

gelas

шклянка

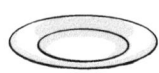

piring

талерка

piring sup

супавая талерка

lepek

сподак

saus

соус

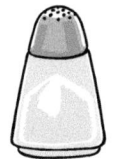

tempat garam

сальніца

gilingan merica

млынок для перцу

cuka

воцат

minyak

алей

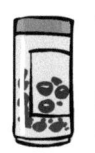

bumbu

спецыі

saus tomat

кетчуп

mustar

гарчыца

mayones

маянэз

supermarket

супермаркет

penawaran khusus
акцыя
FOR
klien
пакупнік
produk susu
малочныя прадукты
buah
садавіна
troli
вазок

BUTCHERS

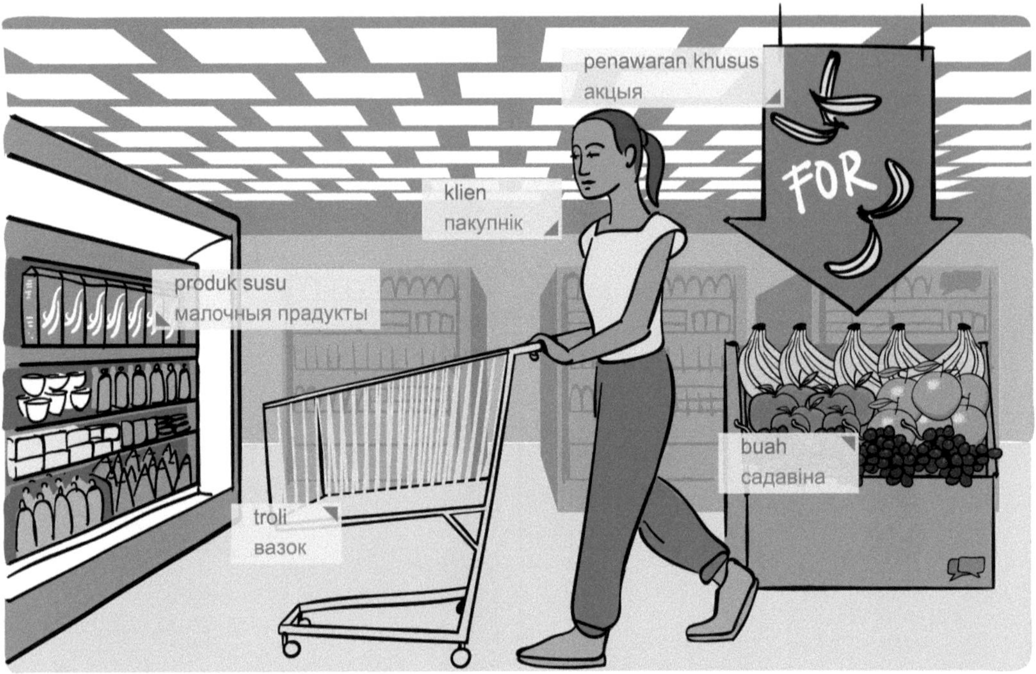

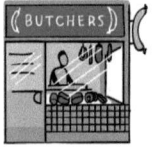

pembantai

мясная крама

BAKERY

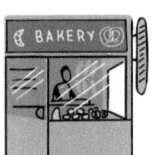

toko roti

хлебны магазін

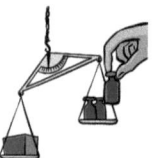

menimbang

важыць

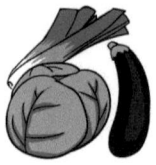

sayur

гароднiна

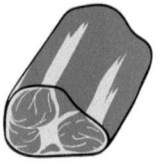

daging

мяса

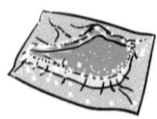

makanan beku

свежазамарожаныя прадукты

pemotongan dingin

нарэзка

makanan kaleng

кансервы

sabun serbuk

пральны парашок

permen

прысмакі

alat-alat rumah tangga

хатнія прылады

obat pembersihan

чысцячы сродак

penjual

прадавец

kasa

каса

kasir

касір

daftar belanja

спіс пакупак

jam buka

гадзіны працы

dompet

бумажнік

kartu kredit

крэдытная картка

tas

сумка

kantong plastik

пакет

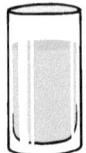

air

вада

jus

сок

susu

малако

cola

кола

anggur

віно

bir

піва

alkohol

алкаголь

coklat

какава

teh

гарбата (чай)

kopi

кава

espresso

эспрэса

cappucino

капучына

pisang

банан

apel

яблык

jeruk

апельсін

semangka

дыня

jeruk lemon

лімон

wortel

морква

bawang putih

часнок

bambu

бамбук

bawang bombai

цыбуля

jamur

грыб

kacang

арэхі

mi

локшына

spagetti

спагеці

nasi

рыс

salat

салата

kentang goreng

бульба фры

kentang goreng

смажаная бульба

pizza

піца

hamburger

гамбургер

sandwich

бутэрброд

sayatan

шніцаль

ham

вяндліна

salami

салямі

sosis

каўбаса

ayam

курыца

menggoreng

смажаніна

ikan

рыбак

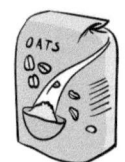

bubur gandum

аўсяныя камякі

sereal

мюслі

cornflakes

кукурузныя шматкі

tepung

мука

croissant

круасан

roti

булачка

roti

хлеб

toast

тост

biskuit

пячэнне

mentega

масла

dadih

тварог

kue

пірог

telur

яйка

telur goreng

яечня

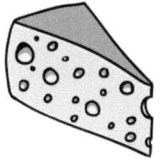

keju

сыр

eskrim
....
марожанае

gula
....
цукар

madu
....
мёд

selai
....
варэнне

krim nugat
....
нуга

kare
....
кары

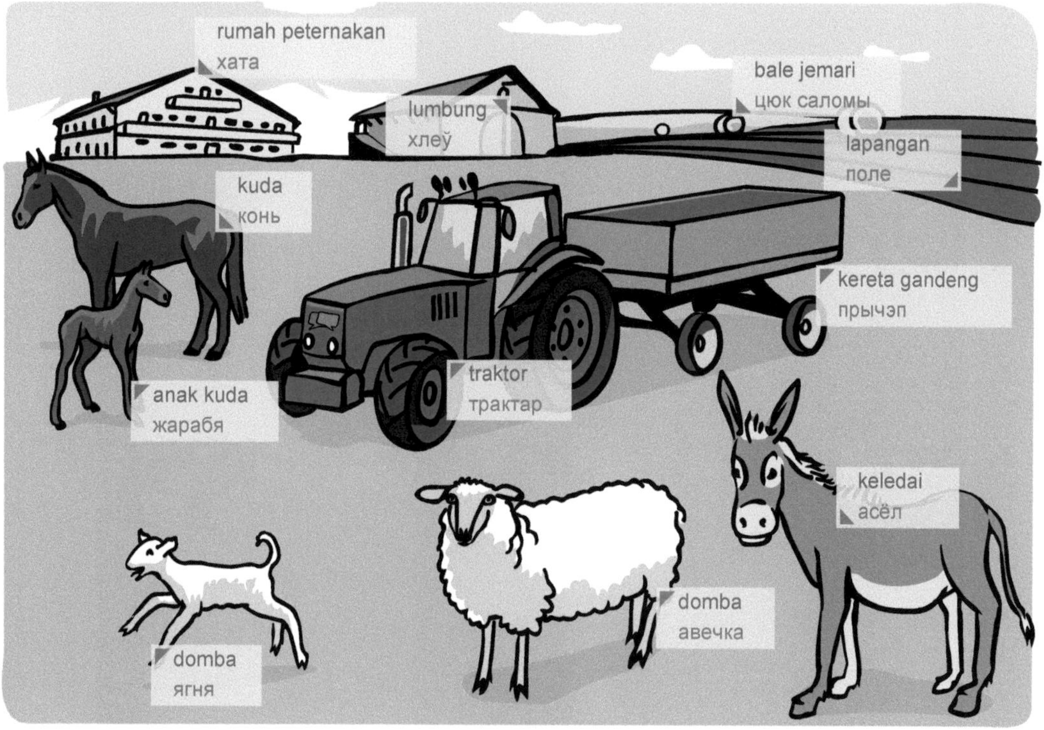

rumah peternakan
хата

bale jemari
цюк саломы

lumbung
хлеў

lapangan
поле

kuda
конь

kereta gandeng
прычэп

traktor
трактар

anak kuda
жарабя

keledai
асёл

domba
авечка

domba
ягня

kambing
каза

sapi
карова

betis
цяля

babi
свіння

celeng
парася

banteng
бык

angsa

гусак

bebek

качка

anak ayam

кураня

ayam

курыца

ayam jantan

певень

tikus

пацук

kucing

кот

tikus

мыш

lembu

вол

anjing

сабака

rumah anjing

сабачая будка

selang

садовы шланг

penyiram

палівачка

sabit

каса

bajak

плуг

sabit

серп

cangkul

матыка

garpu rumput

вілы для гною

kapak

сякера

gerobak

тачка

palung

карыта

kaleng susu

бітон для малака

karung

мех

pagar

плот

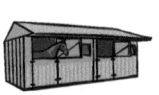

kandang

хлеў

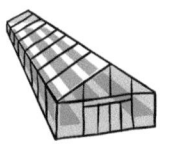

rumah kaca

цяпліца

tanah

глеба

benih

насенне

pupuk

угнаенне

mesin pemanen

камбайн

panen

збіраць ураджай

panen

ураджай

yams

ямс

gandum

пшаніца

kedelai

соя

kentang

бульба

jagung

кукуруза

lobak

рапс

pohon buah

садовае дрэва

singkong

маніёк

sereal

збожжа

rumah

дом

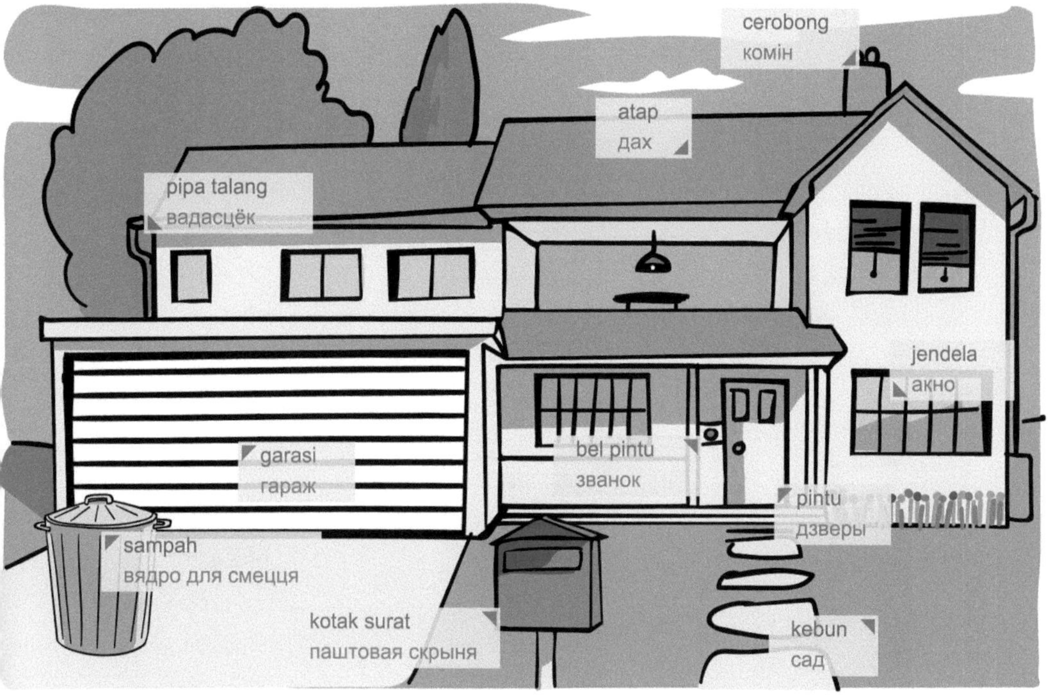
cerobong
комін
atap
дах
pipa talang
вадасцёк
jendela
акно
garasi
гараж
bel pintu
званок
pintu
дзверы
sampah
вядро для смецця
kotak surat
паштовая скрыня
kebun
сад

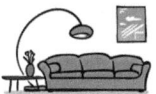

ruang tamu

жылы пакой

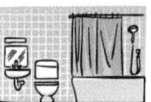

kamar mandi

ванная

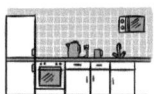

dapur

кухня

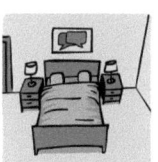

kamar tidur

спальны пакой

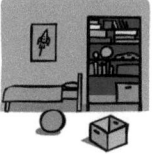

kamar anak

дзіцячы пакой

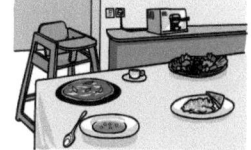

kamar makan

сталоўка

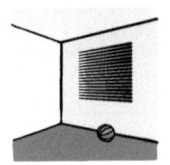

lantai

падлога

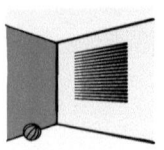

tembok

сцяна

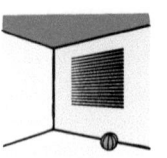

atap

столь

gudang di bawah tanah

падвал

sauna

саўна

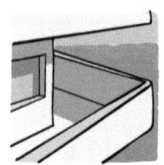

balkon

балкон

teras

тэраса

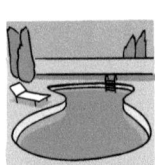

kolam renang

басейн

mesin pemotong rumput

касілка

sprei

падкоўдранік

selimut

коўдра

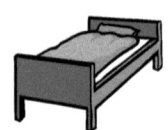

tempat tidur

ложак

sapu

венік

ember

вядро

tombol

выключальнік

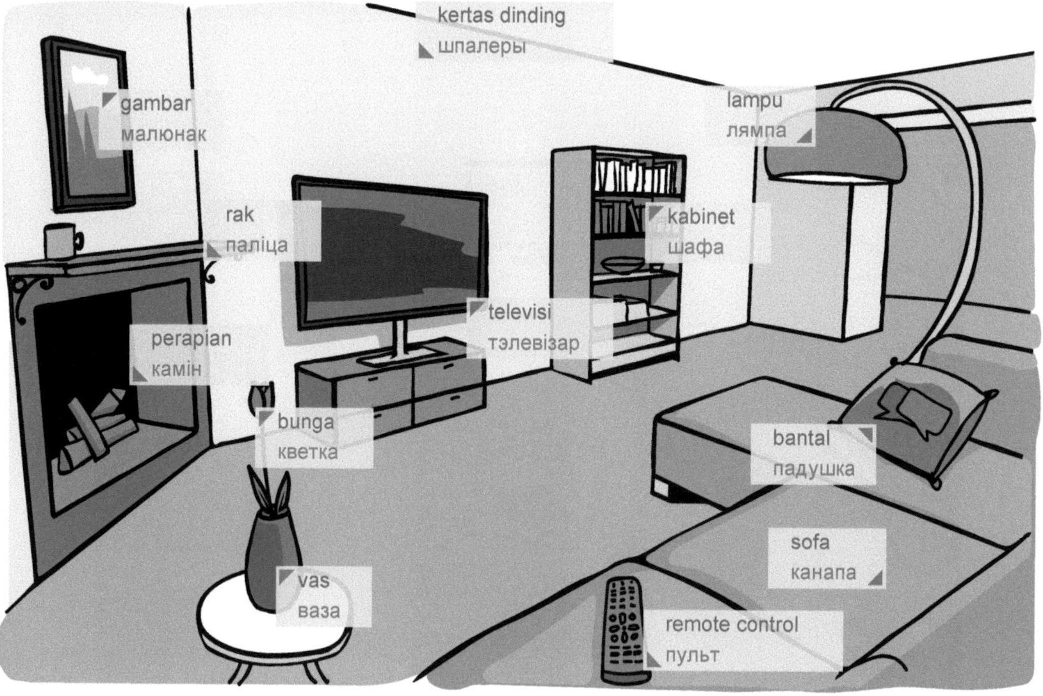

kertas dinding
шпалеры

gambar
малюнак

lampu
лямпа

rak
паліца

kabinet
шафа

televisi
тэлевізар

perapian
камін

bunga
кветка

bantal
падушка

vas
ваза

sofa
канапа

remote control
пульт

karpet
дыван

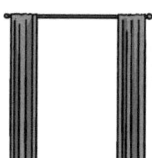

korden
фіранка

meja
стол

kursi
крэсла

kursi goyang
крэсла-качалка

kursi malas
крэсла

buku

кніга

selimut

коўдра

dekorasi

дэкарацыя

kayu bakar

дровы

filem

кіно

hi-fi

стэрэасістэма

kunci

ключ

koran

газета

lukisan

карціна

poster

постар

radio

радыё

buku tulis

нататнік

penyedot debu

пыласос

kaktus

кактус

lilin

свечка

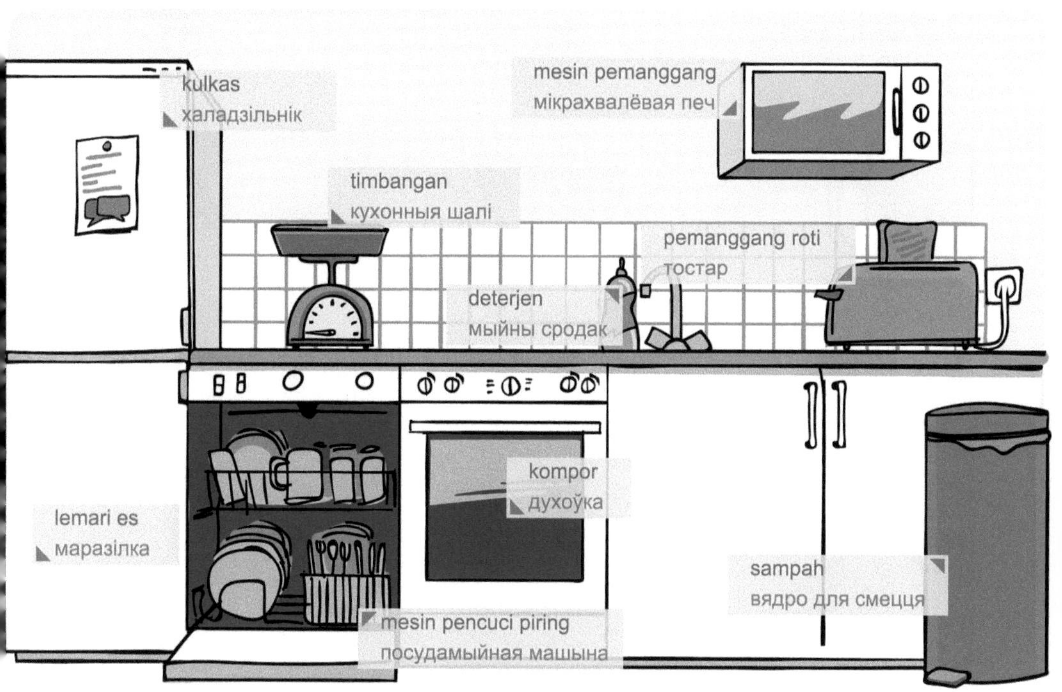

kulkas
халадзільнік

mesin pemanggang
мікрахвалёвая печ

timbangan
кухонныя шалі

pemanggang roti
тостар

deterjen
мыйны сродак

lemari es
маразілка

kompor
духоўка

sampah
вядро для смецця

mesin pencuci piring
посудамыйная машына

kompor

пліта

panci

рондаль

panci besi

чыгунок

wajan

Вок / кадаі

panci

патэльня

pemanas air

чайнік

panci pengukus makanan

параварка

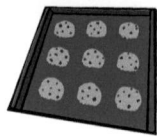

nampan

бляха

piring

посуд

cangkir

кубак

mangkok

міска

sumpit

палачкі для ежы

sendok sup

чарпак

sudip

лапатачка

mengocok

збівалка

saringan

сіта для варэння

saringan

сіта

parutan

тарка

mortir

ступка

barbeque

грыль

api terbuka

вогнішча

papan memotong

дошка

gilingan

качалка

alat pembuka botol

штопар

kaleng

бляшанка

pembuka kaleng

адкрывалка

pegangan panci

прыхваткі

wastafel

ракавіна

sikat

шчотка

busa

губка

mesin pencampur

міксер

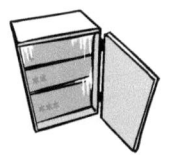

lemari es

маразільная камера

botol bayi

бутэлечка

keran

вадаправодны кран

kamar mandi

ванная

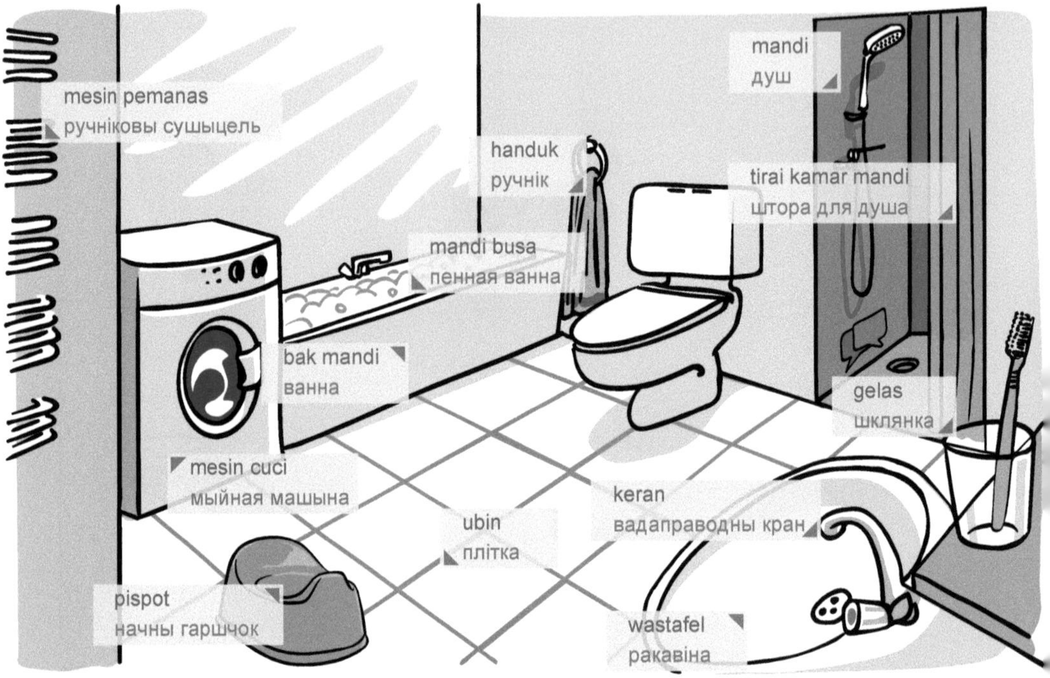
mandi
душ
mesin pemanas
ручніковы сушыцель
handuk
ручнік
tirai kamar mandi
штора для душа
mandi busa
пенная ванна
bak mandi
ванна
gelas
шклянка
mesin cuci
мыйная машына
keran
вадаправодны кран
ubin
плітка
pispot
начны гаршчок
wastafel
ракавіна

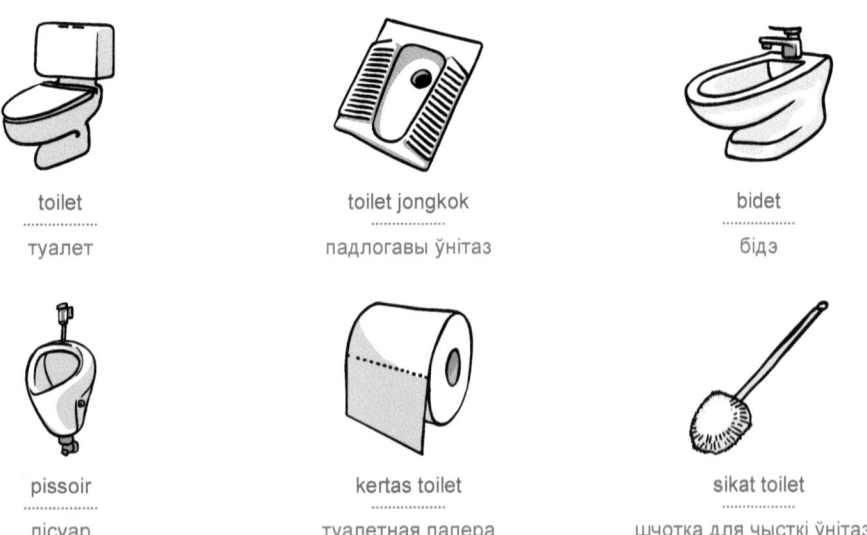

toilet

туалет

toilet jongkok

падлогавы ўнітаз

bidet

бідэ

pissoir

пісуар

kertas toilet

туалетная папера

sikat toilet

шчотка для чысткі ўнітаза

sikat gigi

зубная шчотка

pasta gigi

зубная паста

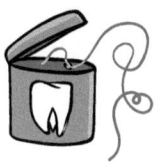

benang gigi

зубная нітка

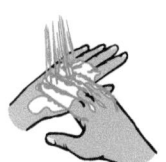

menyuci

мыць

pancuran tangan

ручны душ

pancuran

інтымны душ

bak

умывальнік

sikat punggung

шчотка для спіны

sabun

мыла

gel mandi

гель для душа

sampo

шампунь

planel

вяхотка

kuras

вадасцёк

krim

крэм

deodoran

дэзадарант

kaca

люстэрка

cermin tangan

касметычнае люстэрка

pisau cukur

станок для галення

busa cukur

пена для галення

aftershave

ласьён пасля галення

sisir

грэбень

sikat

шчотка

alat pengering rambut

фен

semprot rambut

лак для валасоў

makeup

касметыка

lipstik

памада

cat kuku

лак для пазногцяў

kapas

вата

gunting kuku

манікюрныя нажніцы

minyak wangi

духі

kantong pencuci

касметычка

bangku

табурэтка

timbangan

вагі

mantel mandi

лазневы халат

sarung tangan karet

санітарныя пальчаткі

tampon

тампон

handuk pembalut

гігіенічныя пракладкі

toilet kimia

біятуалет

kamar anak

дзіцячы пакой

jam alarm
будзільнік
boneka tidur
мяккая цацка
mobil-mobilan
цацачная машынка
kelintung
бразготка
rumah boneka
лялечны домік
kado
падарунак

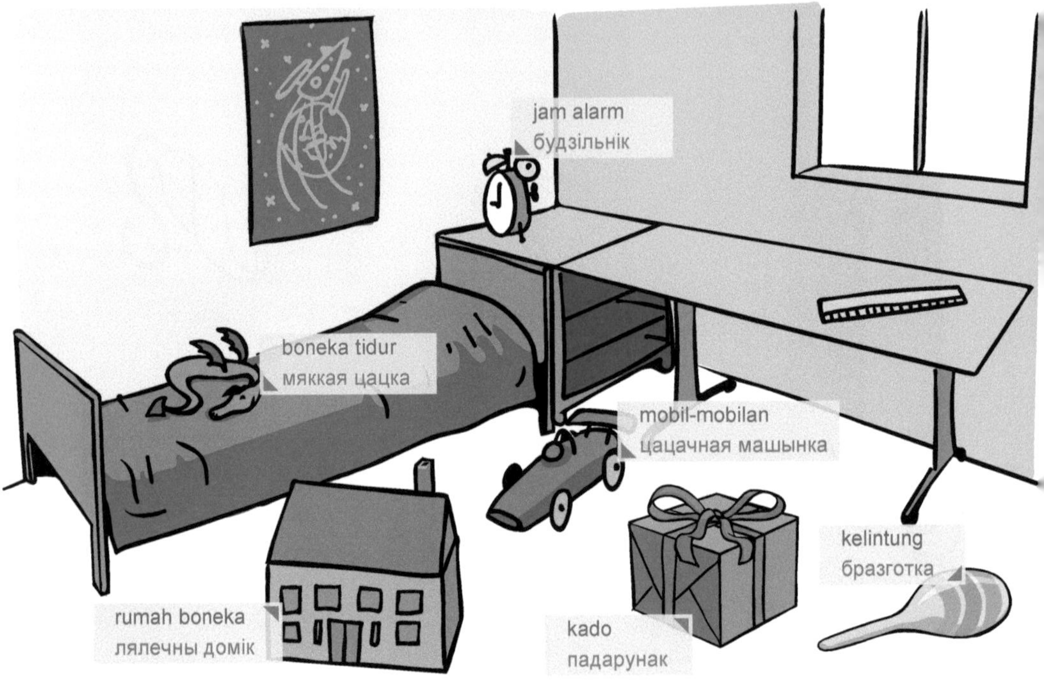

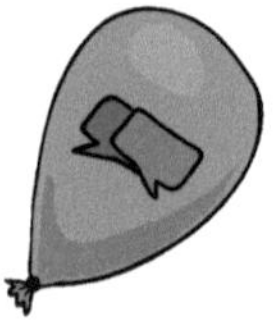

balon

надзіманы шарык

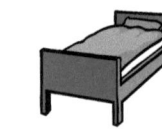

tempat tidur

ложак

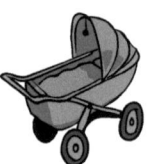

kereta bayi

дзіцячая каляска

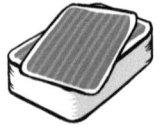

mainan kartu

калода картаў

teka-teki

пазл

SUPER MEGA

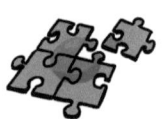

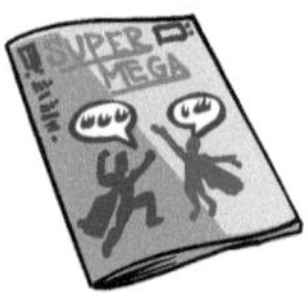

komik

комікс

mainan lego

канструктар "Лега"

blok mainan

канструктар

figur aksi

экшэн-фігурка

baju monyet

дзіцячы гарнітур

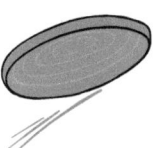

frisbee

фрызбі

mobile

дзіцячы мабіль

permainan papan

настольная гульня

dadu

кубік

set model kreta api

дзіцячая чыгунка

dot

пустышка

pesta

дзіцячае свята

buku gambar

кніга з малюнкамі

bola

мячык

boneka

лялька

bermain

гуляцца

tempat main pasir
пясочніца

ayunan
арэлі

mainan
цацкі

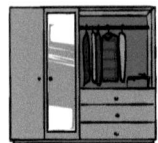

video game konsol
гульнявая відэа прыстаўка

sepeda roda tiga
трохколавы ровар

teddy
плюшавы мішка

lemari pakaian
шафа

pakaian

адзенне

kaos kaki
шкарпэткі

kaos kaki
панчохі

baju ketat
калготкі

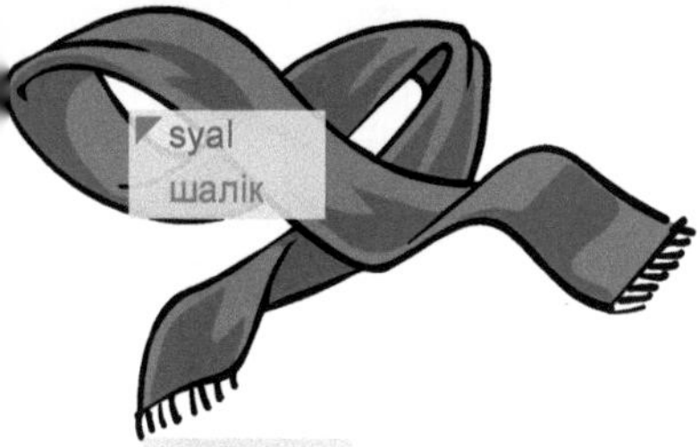

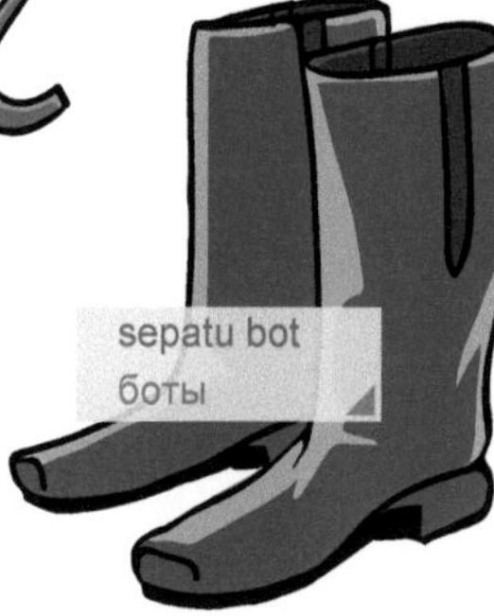

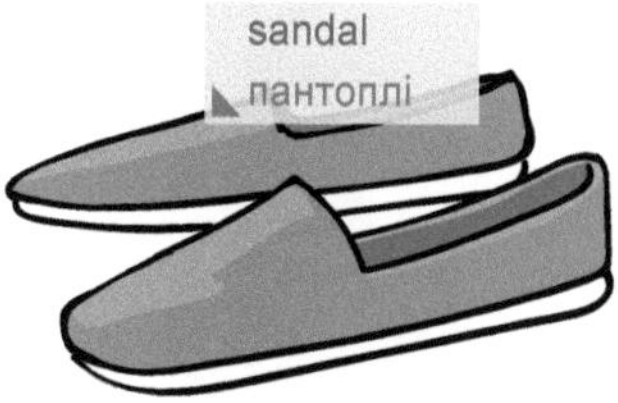

syal
шалік

payung
парасон

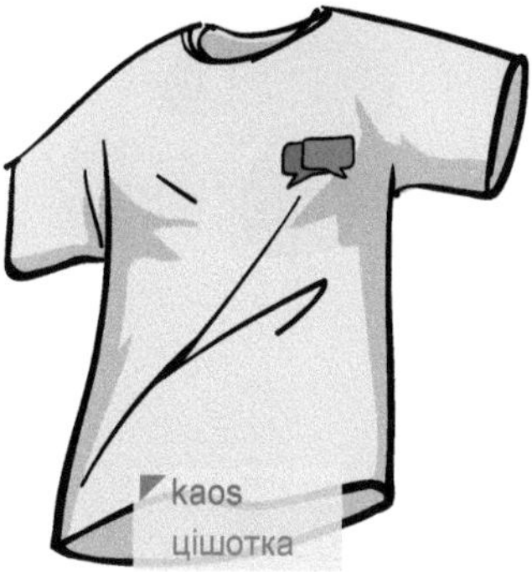

sabuk
рамень

kaos
цішотка

sepatu bot
боты

sandal
пантоплі

sepatu
красоўкі

sandal

сандалі

sepatu

абутак

sepatu bot karet

гумовыя боты

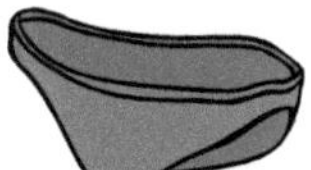

celana dalam

трусы

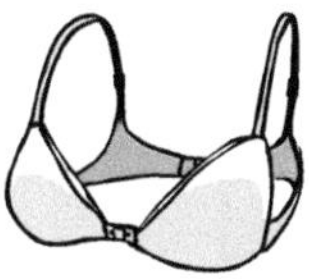

BH

бюстгальтар

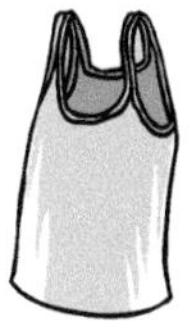

baju rompi

майка

body

бодзі

celana

штаны

jeans

джынсы

rok

спадніца

blus

блузка

kemeja

кашуля

aket berkerudung

джэмпер

sweater

талстоўка

jaket

блэйзер

jaket

куртка

mantel

паліто

jas hujan

дажджавік

kostum

касцюм

gaun

сукенка

gaun pengantin

вясельная сукенка

setelan resmi

касцюм

gaun tidur

начная сарочка

piyama

піжама

sari

сары

jilbab

хустка

turban

цюрбан

burka

паранджа

kaftan

каптан

abaya

Абая

pakaian renang

купальнік

celana renang

плаўкі

celana pendek

шорты

olah raga

спартыўны касцюм

celemek

фартух

sarung tangan

пальчаткі

kancing

гузік

kacamata

акуляры

gelang

бранзалет

kalung

каралі

cincin

кальцо

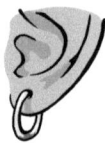

anting

завушніца

topi

кепка

gantungan mantel

вешалка

topi

капялюш

dasi

гальштук

ritsleting

маланка

helm

шлем

tali selempang

падцяжкі

seragam sekolah

школьная форма

seragam

уніформа

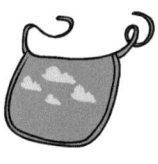

oto

нагруднік

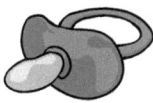

dot

пустышка

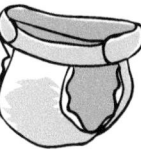

popok

падгузнік

kantor
офіс

server
сервер
lemari arsip
канцылярская шафа
pencetak
прынтэр
kertas
папера
layar
манітор
meja kerja
пісьмовы стол
mouse komputer
мыш
tempat pengarsipan
тэчка
papan tombol
клавіятура
tempat sampah
смеццевы кошык
computer
кампутар
kursi
крэсла

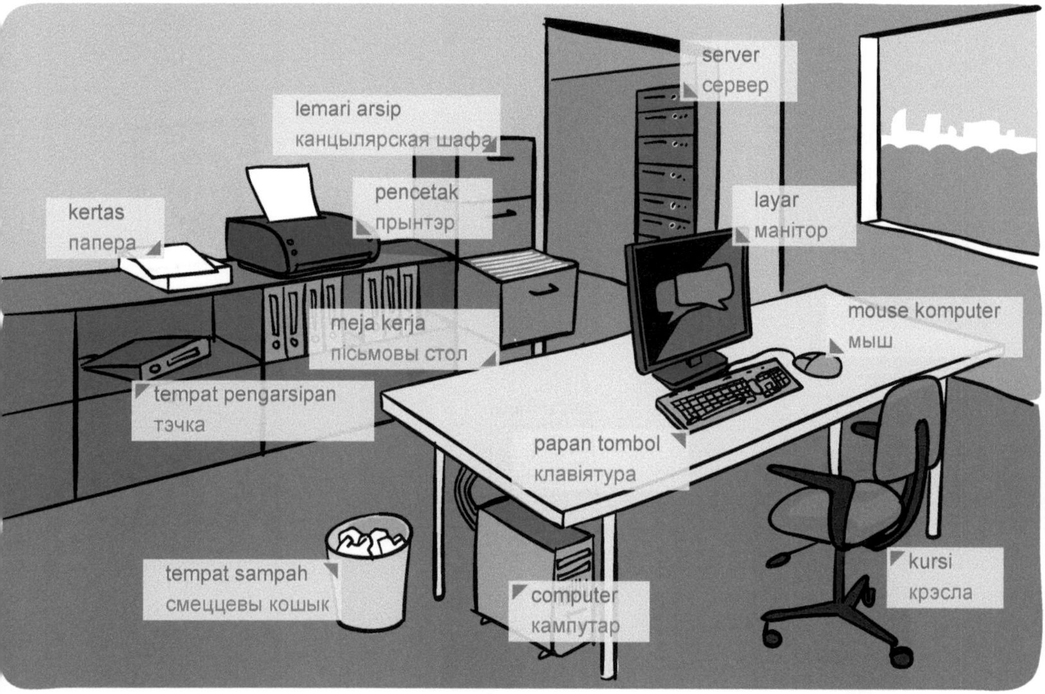

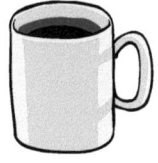

cangkir kopi

кубак для кавы (філіжанка)

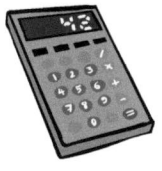

kalkulator

калькулятар

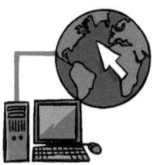

internet

інтэрнэт

laptop

ноўтбук

surat

ліст

pesan

паведамленне

telepon seluler

мабільны тэлефон

jaringan

сетка

fotokopi

ксеракс

software

праграмнае забеспячэнне

telepon

тэлефон

plug soket

разетка

mesin fax

факс

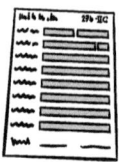

formulir

фармуляр

dokumen

дакумент

membeli

купляць

membayar

плаціць

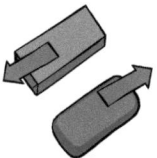

berdagang

гандляваць

uang

грошы

Dollar

долар

Euro

еўра

Yen

ена

Rubel

рубель

Franc Swiss

франк

Renminbi Yuan

кітайскі юань

Rupiah

рупія

ATM

банкамат

kantor pertukaran mata uang

абменны пункт

emas

золата

perak

срэбра

minyak

нафта

energi

энергія

harga

цана

kontrak

кантракт

pajak

падатак

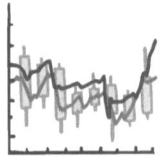

saham

акцыя

bekerja

працаваць

karyawan

служачы

majikan

працадаўца

pabrik

фабрыка

toko

крама

pekerjaan
прафесіі

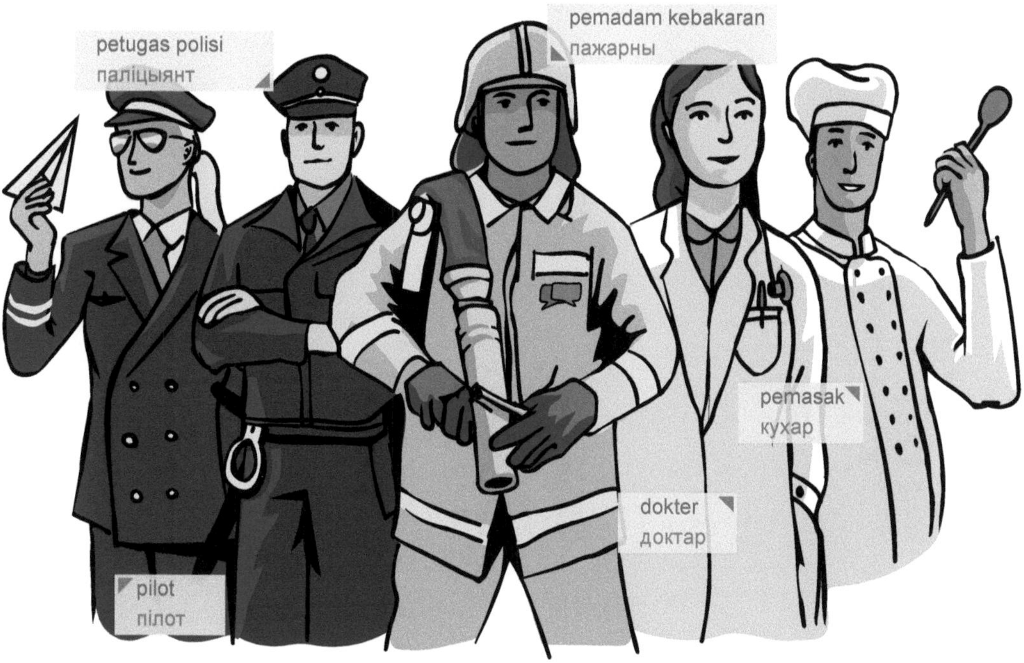
petugas polisi
паліцыянт
pemadam kebakaran
пажарны
pemasak
кухар
dokter
доктар
pilot
пілот

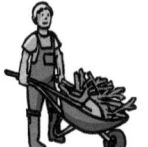

tukan kebun
садоўнік

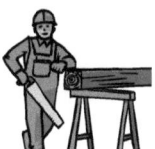

tukang kayu
слесар

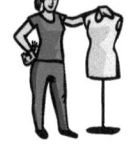

penjahit wanita
швачка

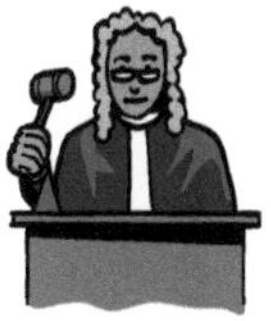

hakim
суддзя

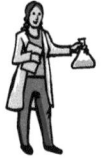

ahli kimia
хімік

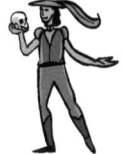

aktor
артыст

sopir bis

кіроўца аўтобуса

sopir taksi

таксіст

nelayan

рыбак

pembantu

прыбіральшчыца

tukang atap

страхар

pelayan

афіцыянт

pemburu

паляўнічы

pelukis

мастак

tukang roti

пекар

tukang listrik

электрык

pembangun

будаўнік

insinyur

інжынер

tukang daging

мяснік

tukang ledeng

сантэхнік

tukang pos

паштальён

tentara

салдат

arsitek

архітэктар

kasir

касір

penjual bunga

фларыст

penata rambut

цырульнік

konduktor

кандуктар

montir

механік

kapten

капітан

dokter gigi

стаматолаг

ilmuwan

вучоны

rabbi

рабін

imam

імам

biarawan

манах

pendeta

святар

alat
інструменты

palu
малаток
tang
пласкагубцы
obeng
адвёртка
kunci
гаечны ключ
obor
ліхтарык

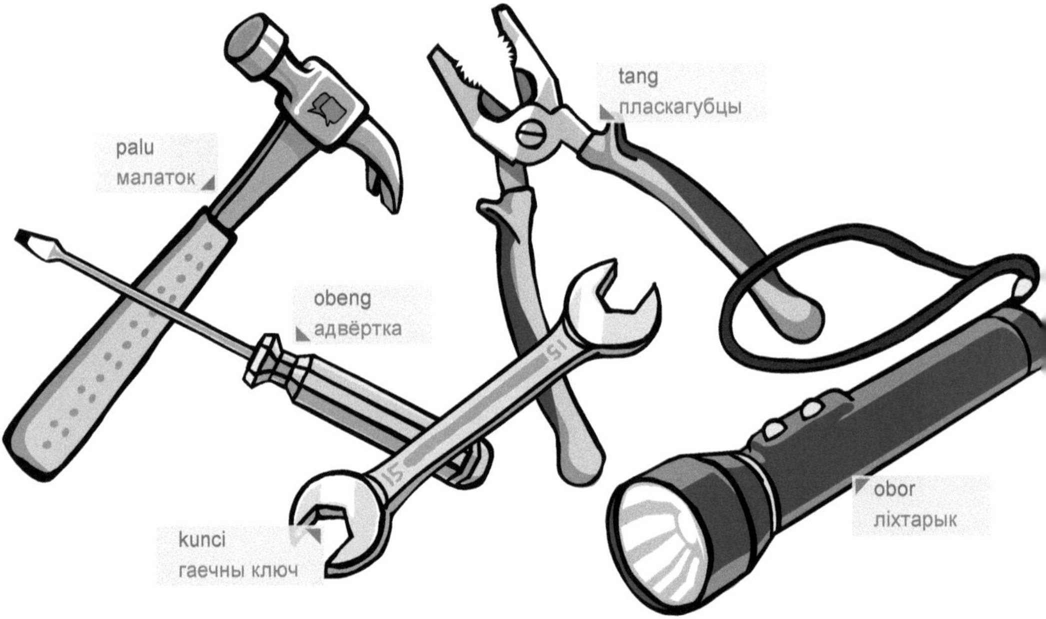

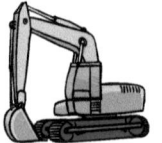

penggali

экскаватар

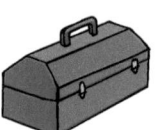

tas perkakas

скрыня для інструментаў

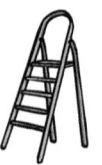

tangga

драбіны

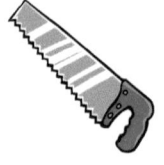

gergaji

піла

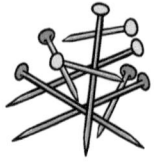

paku

цвікі

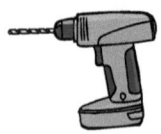

bor

дрыль

perbaikan

рамантаваць

sekop

рыдлеўка

Sialan!

Халера!

cikrak

шуфлік для смецця

pot cat

вядро з фарбаю

sekrup

балты

alat musik
музычныя інструменты

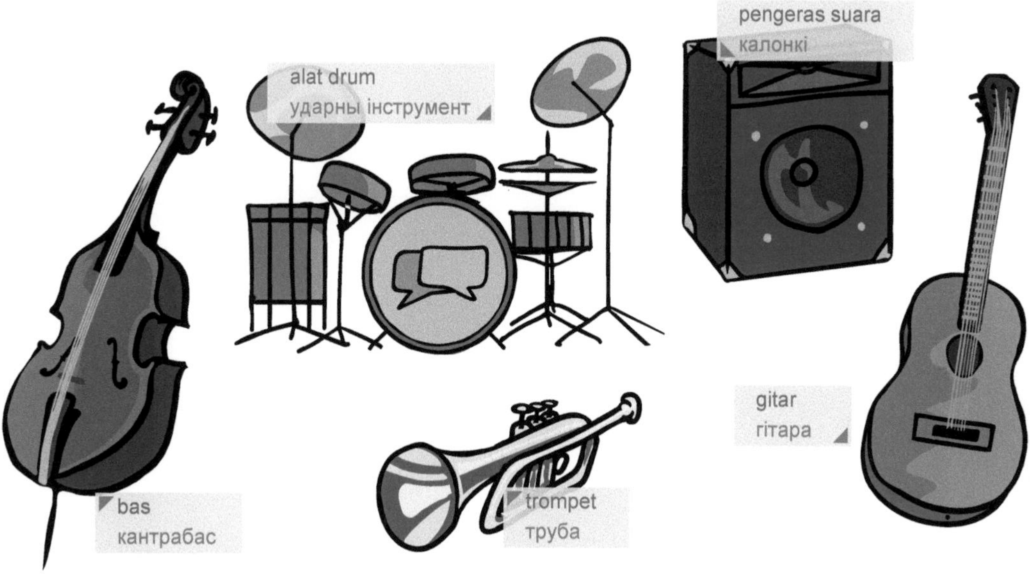

pengeras suara
калонкі

alat drum
ударны інструмент

gitar
гітара

bas
кантрабас

trompet
труба

piano

піяніна

violin

скрыпка

bass

басгітара

tambur

літаўры

drum

барабан

keyboard

клавішны электрамузычны
інструмент

saksofon

саксафон

suling

флейта

mikrofon

мікрафон

alat musik - музычныя інструменты

kebun binatang

заапарк

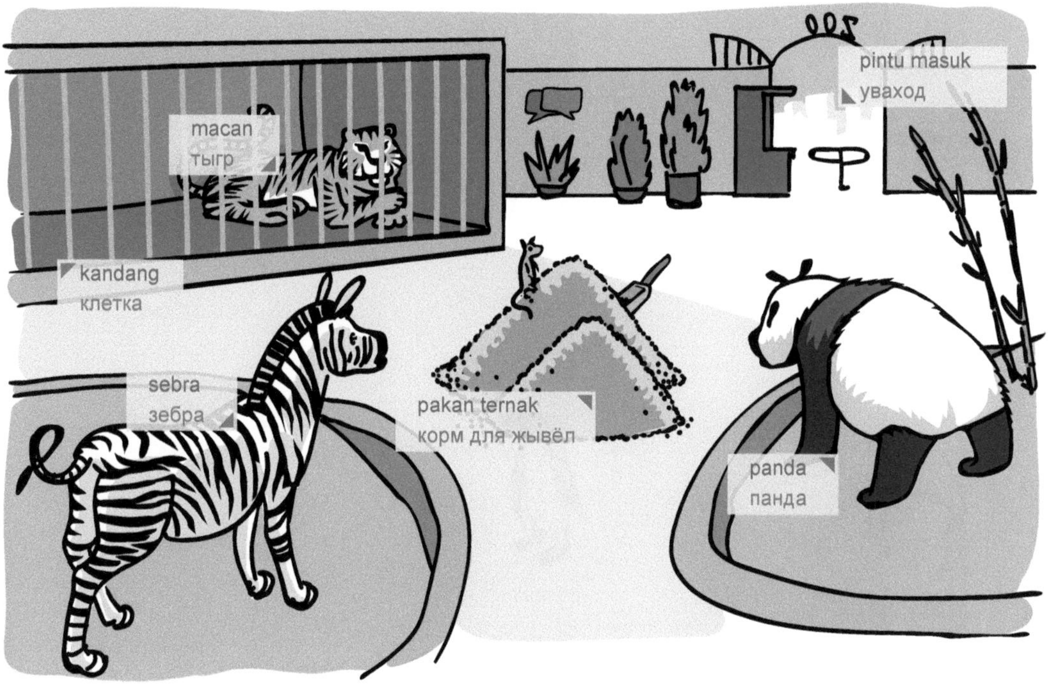
pintu masuk
уваход
macan
тыгр
kandang
клетка
sebra
зебра
pakan ternak
корм для жывёл
panda
панда

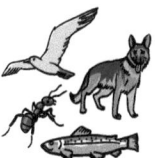

hewan
жывёлы

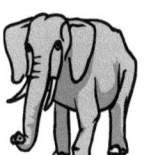

gajah
слон

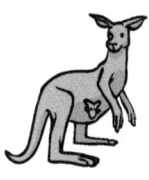

kanguru
кенгуру

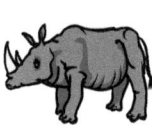

badak
насарог

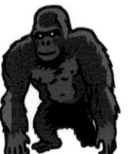

gorila
гарыла

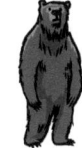

beruang
мядзведзь

unta

вярблюд

burung unta

стравус

singa

леў

monyet

малпа

flamingo

фламінга

burung beo

папугай

beruang polar

белы мядзведзь

penguin

пінгвін

hiu

акула

merak

паўлін

ular

змяя

buaya

кракадзіл

penjaga kebun binatang

наглядчык заапарка

segel

цюлень

jaguar

ягуар

kuda poni

поні

macan tutul

леапард

kuda nil

бегемот

jerapah

жыраф

burung elang

арол

babi jantan

дзік

ikan

рыбак

kura-kura

чарапаха

anjing laut

морж

rubah

ліса

kijang

газель

american football
амерыканскі футбол

naik sepeda
веласпорт

tennis
тэніс

basketbal
баскетбол

bernang
плаванне

hoki es
хакей з шайбай

tinju
бокс

sepak bola
футбол

badminton
бадмінтон

atletik
лёгкая атлетыка

bola tangan
гандбол

main ski
горныя лыжы

polo
пола

aktivitas
дзейнасць

ketawa
смяяцца
meloncat
скакаць
memeluk
абдымаць
berjalan
ісці
menyanyi
спяваць
mengimpi
марыць
berdoa
маліцца
mencium
цалаваць

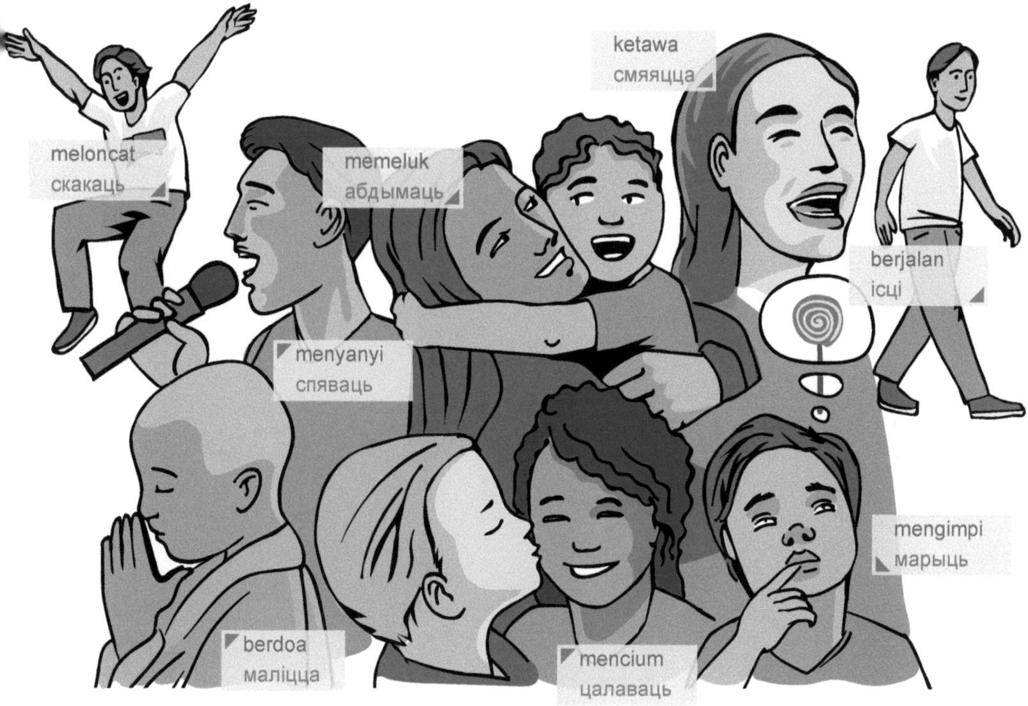

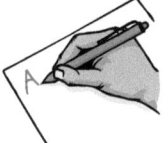

menulis

пісаць

melukis

маляваць

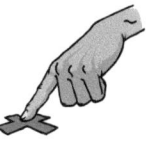

menunjuk

паказваць

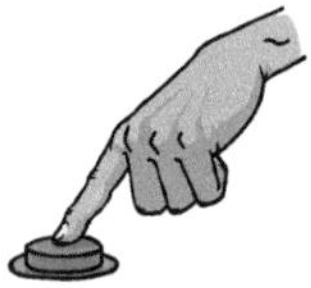

mendorong

націснуць

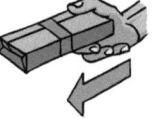

memberikan

даваць

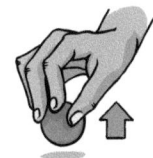

mengambil

браць

mempunyai

маць

melakukan

выконваць

adalah

быць

berdiri

стаяць

berlari

бегчы

menarik

цягнуць

melempar

кідаць

jatuh

падаць

tidur

ляжаць

menunggu

чакаць

membawa

насіць

duduk

сядзець

berpakaian

апранацца

tidur

спаць

bangun

прачынацца

melihat

глядзець

menangis

плакаць

mengelus

лашчыць

menyisir

прычэсвацца

berbicara

гаварыць

mengerti

разумець

menanyak

пытаць

mendengar

чуць

minum

піць

makan

есці

merapikan

прыбіраць

cinta

кахаць

memasak

гатаваць

menyetir

ехаць

terbang

лятаць

berlayar

плаваць пад ветразем

menghitung

лічыць

membaca

чытаць

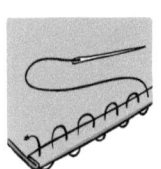

belajar

вучыць

bekerja

працаваць

menikah

уступаць у шлюб

menjahit

шыць

sikat gigi

чысціць зубы

membunuh

забіваць

merokok

курыць

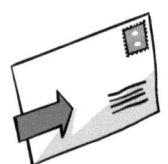

kirim

пасылаць

keluarga
сям'я

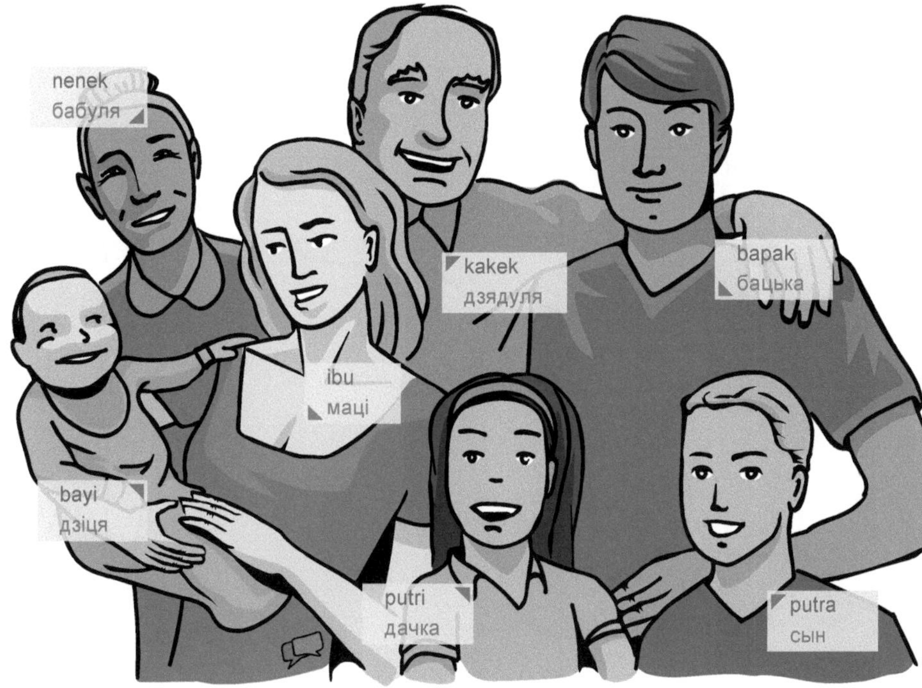
nenek
бабуля
kakek
дзядуля
bapak
бацька
ibu
маці
bayi
дзіця
putri
дачка
putra
сын

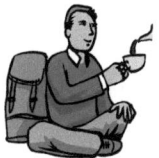

tamu
госць

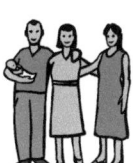

bibi
цётка

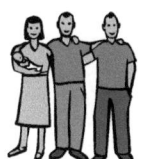

paman
дзядзька

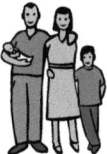

kakak laki
брат

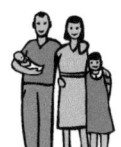

kakak perempuan
сястра

badan

цела

dahi
лоб
mata
вока
bahu
плячо
jari
палец
muka
твар
dagu
падбародак
tangan
рука
kaki
нага
payudara
грудзі
lengan
рука

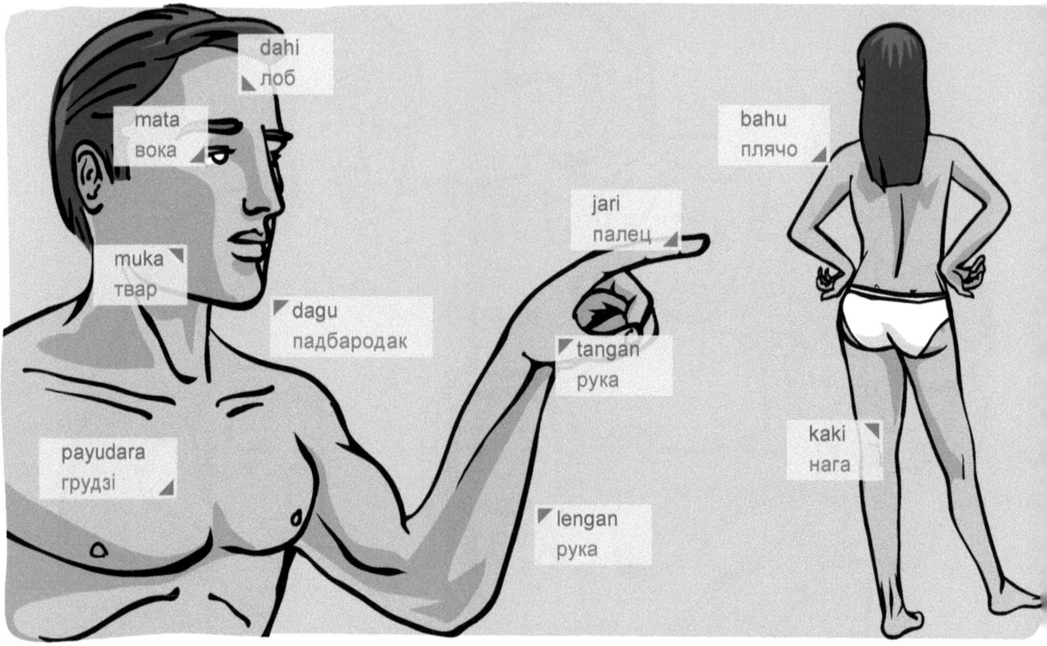

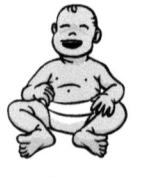

bayi
дзіця

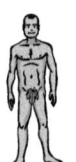

pria
мужчына

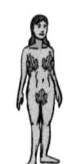

wanita
жанчына

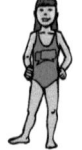

perempuan
дзяўчынка

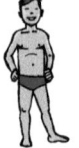

laki
хлопчык

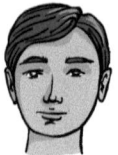

kepala
галава

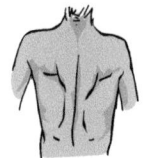

punggung

спіна

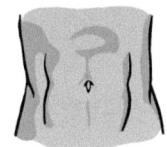

perut

жывот

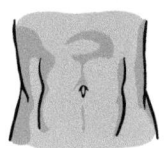

pusar

пуп

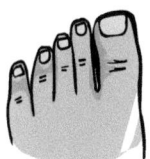

toe

палец нагі

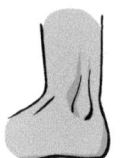

tumit

пятка

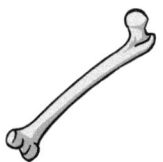

tulang

костка

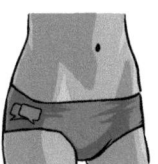

pinggang

бядро

lutut

калена

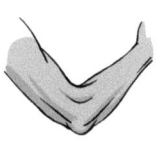

siku

локаць

hidung

нос

pantat

ягадзіца

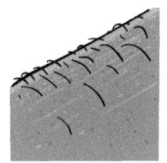

kulit

скура

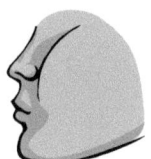

pipi

шчака

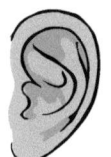

telinga

вуха

bibir

губа

mulut

рот

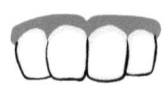

gigi

зуб

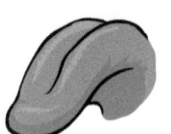

lidah

язык

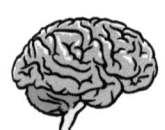

otak

галаўны мозг

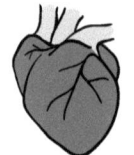

jantung

сэрца

otot

мышца

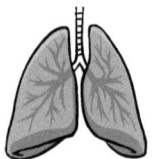

paru-paru

лёгкае

hati

пячонка

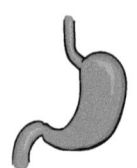

stomach

страўнік

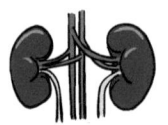

ginjal

ныркі

hubungan seks

сэкс

kondom

прэзерватыў

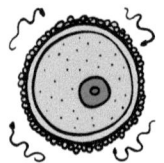

sel telur

яйцаклетка

sperma

сперма

kehamilan

цяжарнасць

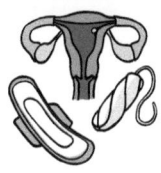

menstruasi

менструацыя

vagina

похва

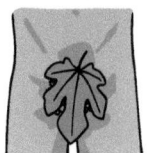

penis

пеніс

alis

брыво

rambut

валасы

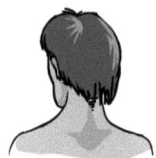

leher

шыя

rumah sakit
шпіталь

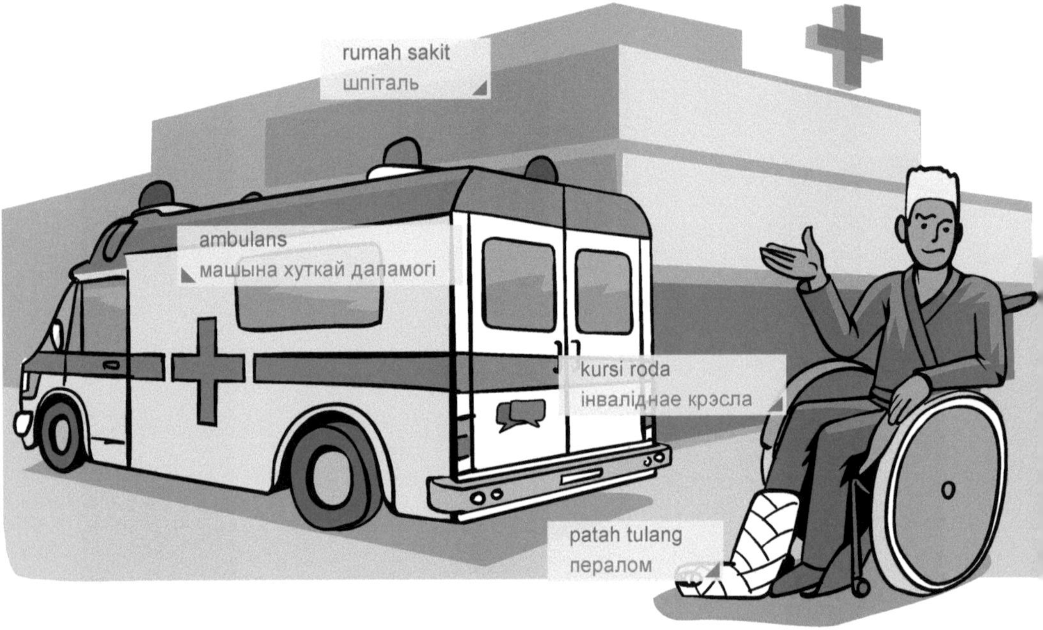

ambulans
машына хуткай дапамогі

kursi roda
інваліднае крэсла

patah tulang
пералом

dokter

доктар

ruang darurat

аддзяленне першай
дапамогі

perawat

медсястра

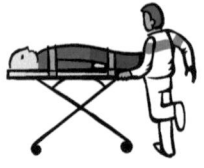

darurat

экстраная дапамога

semaput

непрытомны

sakit

боль

cedera

траўма

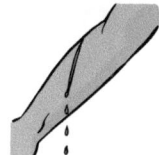

perdarahan

крывацёк

serangan jantung

інфаркт

stroke

апаплексія

alergi

алергія

batuk

кашаль

demam

гарачка

flu

грып

diare

панос

sakit kepala

галаўны боль

kanker

рак

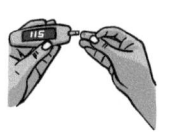

diabetes

дыябет

ahli bedah

хірург

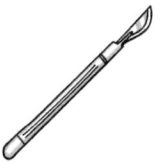

pisau bedah

скальпель

operasi

аперацыя

CT
KT

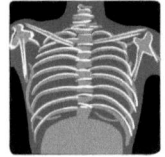

sinar x
рэнтген

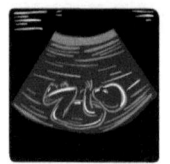

usg
ультрагук

topeng
маска

penyakit
хвароба

ruang tunggu
пачакальня

penyokong
мыліца

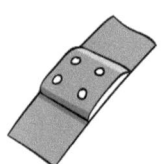

plester
пластыр

perban
бінт

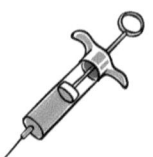

injeksi
ін'екцыя

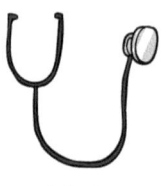

stetoskop
стэтаскоп

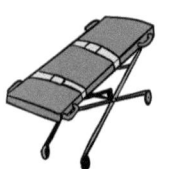

usungan
насілкі

termometer klinis
градуснік

kelahiran
нараджэнне

kelebihan berat badan
лішняя вага

alat pendengar

слухавы апарат

desinfektan

дэзінфекцыйны сродак

infeksi

інфекцыя

virus

вірус

HIV / AIDS

ВІЧ/СНІД

obat

лекі

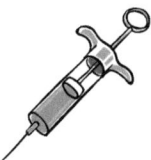

vaksinasi

прышчэпка

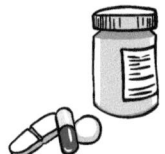

tablet

таблеткі

pil

супрацьзачаткавая таблетка

panggilan darurat

экстраны выклік

ukur tekanan darah

танометр

sakit / sehat

хворы / здаровы

Tolong!

Ратуйце!

alarm

сігналізацыя

penyerbuan

напад

serangan

атака

bahaya

небяспека

pintu darurat

аварыйны выхад

Api!

Пажар!

alat pemadam kebakaran

вогнетушыцель

kecelakaan

аварыя

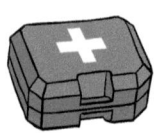

kit pertolongan pertama

аптэчка

SOS

СОС

polisi

паліцыя

Eropa

Еўропа

Amerika Utara

Паўночная Амерыка

Amerika Selatan

Паўднёвая Амерыка

Afrika

Афрыка

Asia

Азія

Australi

Аўстралія

Atlantik

Атлантычны акіян

Pasifik

Ціхі акіян

Samudra India

Індыйскі акіян

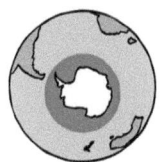

Samudra Antartika

Паўднёвы ледавіты акіян

Samudra Arktik

Паўночны ледавіты акіян

kutub utara

Паўночны полюс

kutub selatan

Паўднёвы полюс

Antarktika

Антарктыда

bumi

Зямля

tanah

краіна

laut

мора

pulau

востраў

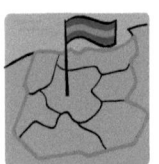

bangsa

нацыя

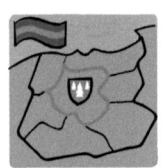

negara

дзяржава

jam wajah

цыферблат

jarum pendek

гадзінная стрэлка

jarum menit

хвілінная стрэлка

jarum detik

секундная стрэлка

Jam berapa?

Колькі часу?

hari

дзень

waktu

час

sekarang

зараз

jam digital

электронны гадзіннік

menit

хвіліна

jam

гадзіна

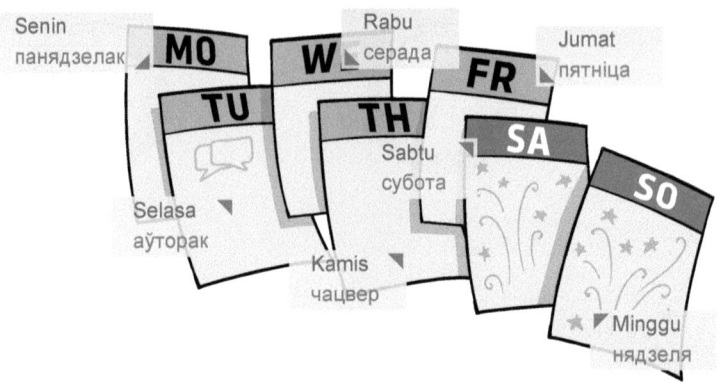

Senin / панядзелак
Rabu / серада
Jumat / пятніца
Selasa / аўторак
Sabtu / субота
Kamis / чацвер
Minggu / нядзеля

kemaren
....
ўчора

hari ini
....
сёння

besok
....
заўтра

pagi
....
раніца

siang
....
абед

malam
....
вечар

hari kerja
....
працоўныя дні

akhir minggu
....
выхадныя

tahun

год

hujan
дождж
pelangi
вясёлка
angin
вецер
salju
снег
musim semi
вясна
musim panas
лета
musim gugur
восень
musim dingin
зіма

4.APRIL 11°
5.APRIL 4°
6.APRIL 13°
7.APRIL 8°
8.APRIL 10°

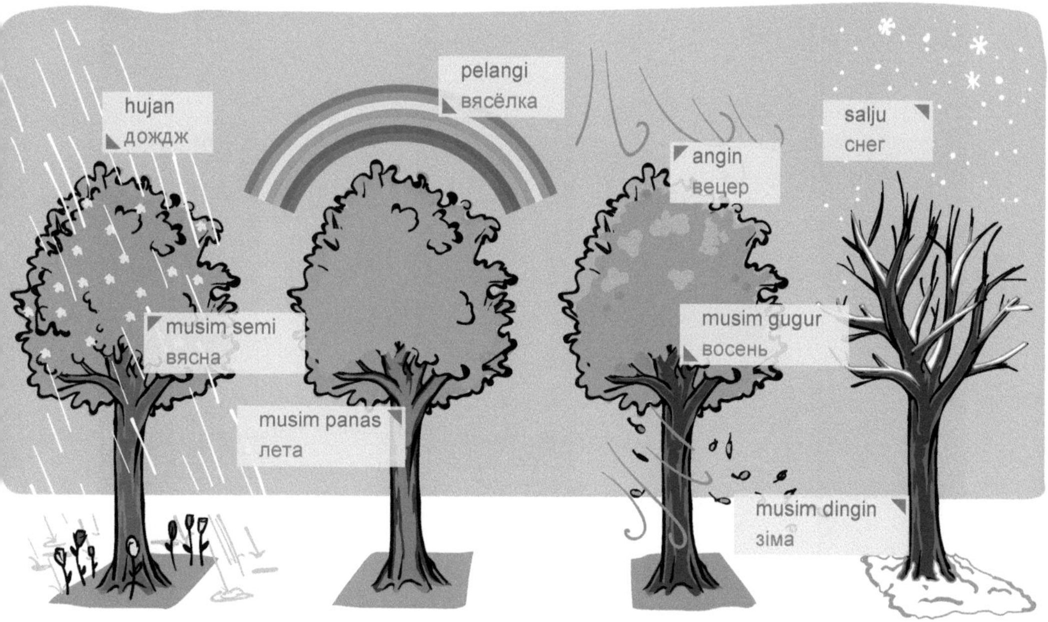

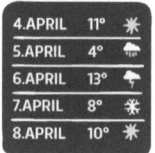

ramalan cuaca

прагноз надвор'я

F C
120 40
90 30
60 20
30 10
0 0
-30 -10
-20

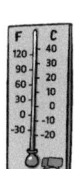

termometer

градуснік

matahari

сонечнае святло

awan

воблака

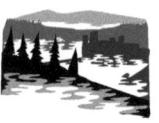

kabut

туман

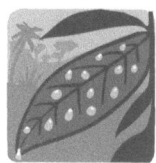

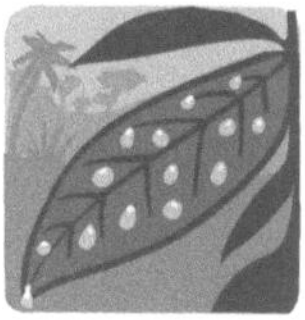

kelembahan

вільготнасць паветра

kilat

маланка

guntur

гром

badai

бура

hujan es

град

monsun

мусонны вецер

banjir

прыліў

es

лёд

Januari

студзень

Februari

люты

Maret

сакавік

April

красавік

Mei

май

Juni

чэрвень

Juli

ліпень

Agustus

жнівень

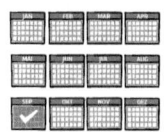

September
....
верасень

Oktober
....
кастрычнік

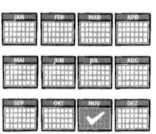

November
....
лістапад

Desember
....
снежань

bentuk

формы

lingkaran
....
круг

persegi
....
квадрат

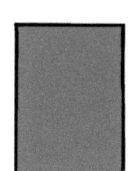

persegi panjang
....
прамавугольнік

segi tiga
....
трохвугольнік

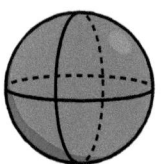

bola
....
шар

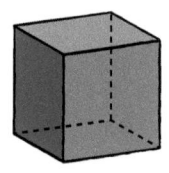

kubus
....
куб

putih

белы

kuning

жоўты

oranye

аранжавы

pink

ружовы

merah

чырвоны

ungu

фіялетавы

biru

сіні

hijau

зялёны

coklat

карычневы

abu-abu

шэры

hitam

чорны

banyak / sedikit

шмат / мала

marah / tenang

злы / добры

cantik / jelek

прыгожы / брыдкі

mulaih / selesai

пачатак / канец

besar / kecil

высокі / малы

terang / gelap

светлы / цёмны

saudara laki-laki / saudara perempuan

сястра / брат

bersih / kotor

чысты / брудны

lengkap / tidak lengkap

поўны / няпоўны

hari / malam

дзень / ноч

mati / hidup

мёртвы / жывы

luas / sempit

шырокі / вузкі

dapat dimakan / tidak dapat dimakan

ядомы / неядомы

jahat / baik

злы / добры

bersemangat / bosan

узбуджаны / нудны

gemuk / kurus

тоўсты / тонкі

pertama / terakhir

першы / апошні

teman / musuh

сябар / вораг

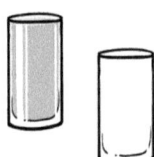

penuh / kosong

поўны / пусты

keras / lembut

цвёрды / мяккі

berat / enteng

важкі / лёгкі

lapar / haus

голад / смага

sakit / sehat

хворы / здаровы

ilegal / legal

нелегальны / легальны

cerdas / bodoh

разумны / дурны

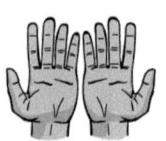

kiri / kanan

левы / правы

dekat / jauh

побач / далёка

baru / bekas

новы / былы ва ўжыванні

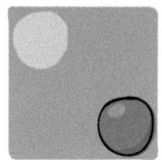

tidak ada apapun / sesuatu

нічога / нешта

tua / muda

стары / малады

nyala / mati

укл / выкл

buka / tutup

адчынены / зачынены

tenang / keras

ціхі / гучны

kaya / miskin

багаты / бедны

benar / salah

правільна / няправільна

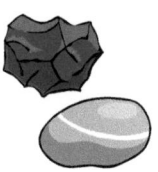

kasar / halus

шурпаты / гладкі

sedih / gembira

сумны / шчаслівы

pendek / panjang

кароткі / доўгі

pelan-pelan / cepat

павольны / хуткі

basah / kering

вільготны / сухі

hangat / sejuk

цёплы / халаднаваты

perang / damai

вайна / мір

0

nol

нуль

1

satu

адзін

2

dua

два

3

tiga

тры

4

empat

чатыры

5

lima

пяць

6

enam

шэсць

7

tujuh

сем

8

delapan

восем

9

sembilan

дзевяць

10

sepuluh

дзесяць

11

sebelas

адзінаццаць

12

duabelas

дванаццаць

13

tigabelas

трынаццаць

14

empatbelas

чатырнаццаць

15

limabelas

пятнаццаць

16

enambelas

шаснаццаць

17

tujuhbelas

сямнаццаць

18

delapanbelas

васямнаццаць

19

sembilanbelas

дзевятнаццаць

20

duapuluh

дваццаць

100

seratus

сто

1.000

seribu

тысяча

1.000.000

juta

мільён

bahasa-bahasa

Inggris

англійская

bahasa Inggris Amerika

англійская (Амерыка)

bahasa Cina Mandarin

кітайская мандарынская

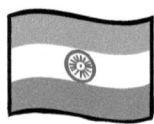

bahasa Hindi

хіндзі

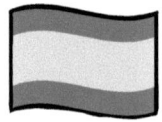

bahasa Spanyol

іспанская

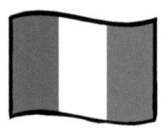

bahasa Perancis

французская

bahasa Arab

арабская

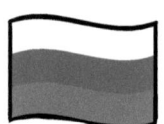

bahasa Rusia

руская

bahasa Portugis

партугальская

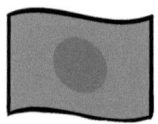

bahasa Bengal

бенгальская

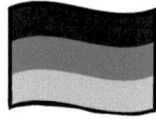

bahasa Jerman

нямецкая

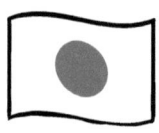

bahasa Jepang

японская

saya

я

kamu

ты

dia

ён / яна / яно

kita

мы

kalian

вы

mereka

яны

siapa?

хто?

apa?

што?

begaimana?

як?

dimana?

дзе?

kapan?

калі?

nama

імя

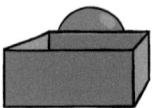

dibelakang

за

di

у

didepan

перад

diatas

над

diatas

на

dibawah

пад

sebelah

каля

di antara

паміж

tempat

месца